I0839238

METANALISI SULLA DISSOCIAZIONE:

FENOMENO TRA CULTURA E PSICOLOGIA

a cura di Michele Mulè

*Metanalisi sulla dissociazione: fenomeno tra cultura e psicologia-
Michele Mulè*

"Non v'è peggior prigione della psiche. Ella dalla notte e dai figli suoi è dominata, mutevole è la sua forma, ingannevole la sua voce. Prigioniero io sono in essa, da tempo immane ho perduto la strada in superficie e tornare più non posso. Lungi da me la realtà dagli altri conosciuta, non ne comprendo né forma, né sostanza. Io sono colui che ha osato varcare la soglia della caverna senza farvi più ritorno."

Michele Mulè

Metanalisi sulla dissociazione: fenomeno tra cultura e psicologia-
Michele Mulè

Indice

1. Cap. Introduzione al concetto di dissociazione in ambito storico e clinico

   Pag. 7

2. Cap. Psicodinamica della dissociazione

   Pag. 15

3. Cap. Il rapporto tra dissociazione ed etnopsicologia

   Pag. 23

4. Cap. Psichedelia e dissociazione

   Pag. 28

5. Cap. La dissociazione spiegata dalle neuroscienze

   Pag. 35

6. Cap. Trattamento e riabilitazione delle sindromi dissociative

   Pag. 43

   Bibliografia

   Pag. 51

   Sitografia

   Pag. 55

Metanalisi sulla dissociazione: fenomeno tra cultura e psicologia-Michele Mulè

Capitolo 1.

<u>Introduzione al concetto di dissociazione in ambito storico e clinico</u>

Il termine "dissociazione" deriva etimologicamente dal latino *dissociatio* con il quale si intende un atto divisivo.

In base al tipo di lettura scientifica che si vuol fare del sostantivo in questione, assume una connotazione differente; ad esempio nella tecnica istologica viene associato alla separazione dei tessuti.

Dal punto di vista psicologico-clinico col medesimo facciamo riferimento ad un deficit di integrazione di quelle che sono le percezioni, le rappresentazioni mentali, i pensieri ed i comportamenti di un soggetto.

Oltretutto, è utile rimembrare come la fenomenologia della dissociazione abbia da sempre attraversato ed affascinato l'umanità tutta tanto da ispirare la letteratura, l'arte pittorica e la cinematografia. Non a caso queste forme di espressione del Sé hanno attinto alla fonte della spiritualità numerose suggestioni ed elucubrazioni rispetto alle dinamiche incluse nel fatto stesso.

Proprio per questo la dissociazione è da considerarsi come un fenomeno onnipresente indipendentemente da qualsivoglia aspetto socio-culturale e folkloristico. In alcune subculture di stampo tribale o sciamanico l'evento viene identificato come un "dono divino" (alla stregua dei sogni che simboleggiano la manifestazione del soprannaturale) destinato a pochi eletti.

In particolare, talvolta, il processo dissociativo sopracitato (da non intendersi come manifestazione prettamente psicopatologica) viene favorito anche dall'utilizzo di sostanze psicoattive quali la DMT (dimetiltriptamina), ricavata dalla pianta dell'ayahuasca. Lo scopo di tale pratica è quello di raggiungere uno stato di estasi mistica così da poter assolvere disparate funzioni sul piano immateriale; tra queste si ricordino la canalizzazione (detta anche *channelling*, termine coniato dalla comunità New Age; esso si configura come forma di comunicazione tra un essere umano e un'entità di un'altra dimensione) e l'esorcismo come uso apotropaico. Non è di minore rilievo quanto viene espresso dalla cultura occidentale che, influenzata in buona parte dai dogmi della fede, si fa promotrice di una particolare ideologia rispetto alla dissociazione: essa, difatti, viene ricondotta alla possessione demoniaca, poiché, teoricamente, entrambe condividono aspetti similari quali l'amnesia, l'autolesionismo ed in casi rari la glossolalia (coniazione di termini privi di senso spesso erroneamente ricollegati a lingue antiche per le caratteristiche fonemiche).

Le primissime testimonianze relative al disturbo dissociativo dell'identità (ex personalità multipla) risalgono al lontano 1791, anno durante il quale Ellenberger e Carlson riportarono i casi di due giovani che presentavano una sintomatologia piuttosto disorientante per l'epoca.

La definizione reale della patologia venne coniata solo nel 1816 grazie al caso di Mary Reynolds, alla quale venne attribuito l'epiteto di "donna dalla doppia coscienza". Tale denominazione ebbe talmente tanta fortuna in ambito scientifico che rimase valida per tutto il XIX secolo.

A seguito di ciò, il primo autore di riferimento che trattò del fenomeno dissociativo in termini più accurati fu lo psichiatra e filosofo Pierre Janet nel 1889 con l'opera "L'automatismo psicologico"; egli in particolare trovò una correlazione tra esperienze traumatiche e meccanismi di questo tipo.

La prima descrizione storica fornitaci dallo stesso Janet esprime una disintegrazione delle memorie traumatiche dalla coscienza con esiti terrificanti sul piano somatosensoriale, comportamentale, onirico (incubi) e della memoria (flashback).

Di lì a poco altri studiosi che si erano già cimentati verso l'osservazione di casi di isteria, cominciarono a soffermarsi sulle manifestazioni di depersonalizzazione (sentirsi estranei alla propria persona o al proprio corpo) e/o derealizzazione (senso di estraneità nei confronti dell'ambiente circostante e della realtà), vedendo in queste dei meccanismi di difesa dai vissuti traumatici. Charcot, per esempio, diede una definizione piuttosto precisa per l'epoca di dissociazione, asserendo che un evento fortemente doloroso potesse produrre un grave danno psichico alla persona coinvolta tale da ossessionarla patologicamente fino a destare in lei obnubilamento e dissociazione della coscienza.

Freud e Breuer invece si concentrarono prevalentemente sul concetto di mancata metabolizzazione del trauma che portava *in nuce* un potenziale emotivo parecchio gravoso; tale danno avrebbe prodotto dapprima il congelamento dell'affetto e successivamente la conversione di questo in sintomi fisici senza che il materiale conturbante divenisse conscio tramite la rimozione.

Nonostante le suddette e cospicue teorizzazioni, il disturbo dissociativo di per sé non è mai stato preso in considerazione poiché sin da sempre associato all'isteria; difatti le prime edizioni del DSM (manuale diagnostico e statistico dei disturbi mentali) contemplavano l'esistenza di due tipologie di nevrosi isterica, ossia una di conversione e una dissociativa.

A partire dalle edizioni successive si tentò di discriminare la condizione dissociativa da quella isterica pur mantenendo alcuni aspetti diagnostici ed eziologici comuni.

Agli inizi degli anni '50 del '900 due psichiatri americani chiamati Corbett Thigpen e Hervey Cleckley pubblicarono lo studio di un caso avente per oggetto di ricerca una donna nota con il nome di Chris Costner Sizemore, meglio conosciuta come "la donna dai tre volti" per via del suo disturbo dell'identità (ex disturbo di personalità multipla, contenuto nel DSM-III-R).

In termini storici il sopracitato caso fu il primo e più emblematico del genere a scuotere gli interrogativi della comunità scientifica, la quale non credeva alla scissione in tre personalità distinte e separate della donna ma ad una sua spiccata suggestionabilità, incentivata dai terapeuti. Le suddette personalità furono denominate Eve White, Eve Black e Jane in modo da sottolineare le loro differenze caratterologiche. Il caso suscitò un notevole clamore mediatico al punto da ispirare il regista Nunnally Johnson per il film "I tre volti di Eva" che valse un premio Oscar all'attrice protagonista.

Sulla stessa linea si registrarono altri casi, oltre trecento, di cui due degni di nota: quello di Sybil e quello di Milligan, quest'ultimo famoso come "l'uomo dalle 24 personalità".

Con la pubblicazione del DSM-5 si arriva ad uno snellimento della categorizzazione psicopatologica precedentemente paventata dal DSM-IV, grazie all'accorpamento della fuga dissociativa all'amnesia dissociativa, la quale è uno dei tre disturbi dissociativi riconosciuti attualmente.

Tra gli altri due disturbi troviamo disturbo dissociativo dell'identità (DDI) ed il disturbo di depersonalizzazione/derealizzazione.

Ad oggi si considerano tutti e tre i disturbi come esito di esperienze traumatiche (abusi sessuali, fisici, psicologici, soprattutto se subiti durante l'infanzia) alle quali il soggetto non è stato in grado di reagire in maniera adattiva, comportando in questi un restringimento del campo della coscienza e delle considerevoli modificazioni a livello comportamentale.

Anzitutto bisogna considerare la portata adattiva del meccanismo di dissociazione, che se adoperato in situazioni di forte stress o pericolo (disastri ambientali, minacce all'incolumità etc...), può rivelarsi estremamente salvifico per colui che se ne serve poiché sarà anche più pronto e reattivo visto l'allontanamento temporaneo dalla coscienza dell'evento sopracitato.

Di conseguenza, può capitare nella vita di tutti i giorni di estraniarsi per un breve lasso di tempo dalla propria coscienza senza necessariamente scadere nella psicopatologia; questo può verificarsi non solo in situazioni di forte stress emotivo, ma anche in periodi durante i quali ci si allontana dalla realtà per fini creativi, come nel caso degli artisti.

In termini di comorbilità si osserva una correlazione dell'episodio dissociativo con disturbi quali quello ossessivo compulsivo, la schizofrenia, i disturbi del comportamento alimentare ed il disturbo borderline di personalità (in quest'ultimo caso fino al 76% di prevalenza).

Rispetto all'epidemiologia generale si assiste a una variabilità del 3-30% nella popolazione, in particolare in soggetti psichiatrici.

Inoltre, si è registrata una correlazione tra sintomi fisici cronici, alessitimia (incapacità di descrivere le proprie emozioni) e disturbi dissociativi.

Mentre per quanto concerne la diagnosi differenziale, i disturbi dissociativi non sono da considerarsi attribuibili a:
- Crisi parziali complesse (epilessia);
- Intossicazione da sostanze e/o da farmaci;
- Disturbi psicotici;
- Disturbo bipolare;
- Simulazione;
- Traumi cranici;
- Demenze;
- Allucinazioni ipnagogiche (dispercezioni all'addormentamento) e ipnopompiche (dispercezioni al risveglio;

Metanalisi sulla dissociazione: fenomeno tra cultura e psicologia-
Michele Mulè

- Terrore notturno o *pavor nocturnus,* ossia un fenomeno che si verifica tra la fase non-REM e quella del risveglio e che è caratterizzato da una paralisi involontaria degli arti insieme ad un parziale stato di coscienza.

Tornando alla classificazione del DSM-5 l'amnesia dissociativa rappresenta un'incapacità di ricordare informazioni importanti di natura traumatica o stressogena senza che vi siano evidenze di natura organica che facciano pensare ad amnesie originatesi a seguito di lesioni o traumi cranici. Inoltre l'esordio è improvviso e coincide prevalentemente con quello del trauma.

I criteri diagnostici per il disturbo dissociativo dell'identità riguardano una disgregazione dell'identità caratterizzata da due o più stati di personalità distinti denominati "alter"; tale disgregazione comprende una discontinuità del senso e della consapevolezza, con alterazioni dell'affettività del comportamento della coscienza della memoria e di tutte le funzioni cognitive. Talora, tali manifestazioni possono essere accompagnate da amnesia e da un disagio clinicamente significativo che investe tutte le aree del funzionamento umano.

Infine relativamente al disturbo di depersonalizzazione/derealizzazione è possibile che si verifichi una condizione mista di depersonalizzazione e derealizzazione fuse insieme; durante tali esperienze l'esame di realtà che consente al soggetto di rimanere presente a se stesso, rimane integro e ciò difatti gli causa un notevole disagio e senso di turbamento non attribuibile ad altre condizioni mediche o ad assunzioni di sostanze.

*Metanalisi sulla dissociazione: fenomeno tra cultura e psicologia-
Michele Mulè*

Capitolo 2.

<u>Psicodinamica della dissociazione</u>

Al fine di effettuare una adeguata disamina del dato di dissociazione entro la prospettiva psicodinamica, è corretto partire dalla definizione contenuta all'interno del manuale diagnostico psicodinamico (PDM). Questa rappresenta, nella sua forma estrema, una alterazione temporanea delle funzioni integrative della coscienza (lo stato di simil-trance è definito autoipnosi). Quindi il disturbo dissociativo rappresenta l'esacerbazione di tale meccanismo che viene adoperato dal soggetto in maniera massiccia anche in situazioni che non lo espongono al pericolo. Inoltre il PDM, a differenza del DSM-5, propone una visione del suddetto disturbo come un disturbo di personalità, denominandolo, per l'appunto, "disturbo dissociativo di personalità".

Procedendo a ritroso, ritroviamo la definizione di trauma coniata da Freud, la quale, al di là dell'aspetto etimologico che rimanda all'idea di una ferita ancora aperta, offre un interessante spunto di riflessione rispetto all'oggettività di quest'ultimo: difatti il padre della psicanalisi si era costantemente battuto per la ricerca della verità soggettiva raccontata dal paziente e non di quella storica. Secondo questa chiave di lettura, esisterebbero solamente dei traumi fantasmatici e non necessariamente vissuti dal paziente se non nella sua mente.

Ad oggi tale convinzione risulta obsoleta dal momento che numerose evidenze scientifiche hanno riportato una forte correlazione tra stile di attaccamento disorganizzato-disorientato (il quale lascia soventemente spazio al maltrattamento e all'abuso) e lo sviluppo di un disturbo dissociativo nella tarda adolescenza o età adulta.

Sono proprio i vissuti di impotenza, di profonda ed ineffabile paura per sé e per i propri cari, a slatentizzare quella che è anzitutto una vulnerabilità genetica del soggetto traumatizzato; a partire dalla slatentizzazione genetica in questione si inizia a profilare un quadro di identità scissa e povera di emotività perché congelata dagli eventi.

Tornando alla definizione di trauma, questa subì una modificazione da parte dello psicanalista ungherese Sandor Ferenczi, il quale asserì che sono proprio gli avvicendamenti non codificabili e non classificabili in alcuna categoria nota al bambino, ad avere il maggiore impatto emotivo su questi che rimane sopraffatto.

Dunque, ciò che alberga nel cuore del bambino traumatizzato è in prima istanza un senso di disorientamento causato dalla disattesa delle aspettative sul mondo circostante che diviene improvvisamente un luogo non sicuro nel quale abitare.

Ciò che ne consegue è una profonda frammentazione del Sé ed un blocco del processo di "abreazione" consistente nello scaricare la potenza emotiva generata dal trauma.

A livello delle funzioni cognitive ed affettive espletate dal cervello, notiamo una carente mentalizzazione nei soggetti dissociati, i quali risultano incapaci di leggere le emozioni proprie e altrui. In tal senso dovrebbero essere proprio gli interventi psicoterapici a stimolare la sana affettività negli individui che hanno conosciuto solamente una perenne violazione dei confini emotivi.

In termini di difese psicodinamiche, secondo Nancy Mcwilliams assistiamo nei soggetti affetti da disturbo dissociativo dell'identità (DDI) un intenso rivolgimento contro se stessi, frutto della proiezione dell'odio verso il carnefice in modo tale da isolare inconsciamente la tremenda realtà dei fatti. In ultima istanza, il soggetto esperisce in risposta all'imprevedibilità degli eventi una identificazione con il carnefice, del quale sposa il ruolo attivo e non subalterno come nel caso della vittima. Inoltre un altro meccanismo che interviene nella formazione (o disintegrazione, che dir si voglia) dell'identità dell'individuo, è quello, oltre alla dissociazione, della scissione di qualsiasi oggetto (inteso come persona in psicanalisi) in parti buone e parti cattive, sempre allo scopo di proteggersi dalla dolorosità della vita.

Nel 1984 il ricercatore Kluft organizzò una teoria multifattoriale per quanto riguarda l'eziopatogenesi della sindrome dissociativa:

1. la capacità innata di dissociarsi dalla realtà;

2. la presenza di un trauma subito in età infantile e "superato" attraverso l'utilizzo dei meccanismi maggiormente adoperati dai bambini;

3. la forma assunta dal meccanismo dissociativo dipende dalle influenze esterne e dai substrati a disposizione;

4. la mancata rassicurazione ottenuta dall'incontro con le figure di riferimento come quelle genitoriali.

Un'altra teoria molto interessante è quella di Putnam che giunge a identificare dei cosiddetti stati comportamentali discreti che non sarebbero altro che il prodotto dell'iniziale frammentazione identitaria post-traumatica. Il fatto che ogni *alter* (stato comportamentale discreto) si comporti in maniera diversa da un altro e non sia al contempo a conoscenza dell'esistenza delle altre identità, è spiegabile tramite la differente attivazione psicofisiologica che ciascuna esperisce poiché impegnata in attività diverse (ad esempio quella di metabolizzare l'evento traumatico). Riassumendo, ciò che Putnam definisce "illusione di separazione" non è altro che il bias cognitivo in cui il soggetto dissociato ed in preda ad uno stato di trance (o autoipnosi) incorre, "ignorando" la contemporanea esistenza dei diversi *alter*.

Oltretutto è bene sottolineare come anche la violenza assistita possa, seppur indirettamente, contribuire alla creazione di memorie traumatiche che a loro volta genereranno delle credenze patologiche rispetto alla realtà circostante,

17

facendo sì che la persona non si senta mai al sicuro da nessuna parte. In tal caso può risultare utile "ristrutturare" le suddette cognizioni che il paziente ritiene immodificabili.

Molto importante è anche l'accento sul fenomeno collusivo in cui talvolta incorre il minore vittima di abuso: egli infatti può arrivare a credere di meritare la violenza o peggio, credere che essa simboleggi un modo per comunicare affetto o attenzione, elementi spesso carenti nell'infanzia. È per l'appunto nella confusione tra il linguaggio adulto e quello infantile che sta il primo inghippo visto che il bambino può erroneamente scambiarli non avendo ancora fatto esperienza del primo.

Sempre attenendoci alla terapia, sarebbe proprio la "personalità ospite" a richiedere aiuto in quanto rappresenterebbe la parte più vulnerabile del soggetto affetto da dissociazione e che, in qualche modo, rispecchia l'innocenza e la puerilità perdute a seguito del trauma. Il terapeuta quindi deve prestare ascolto sia a tutte le parti psichiche del paziente ma anche e soprattutto a quella maggiormente ferita e che conserva più delle altre una visione integrale di quanto subito in passato. Perciò ai fini della raccolta di dati anamnestici oltre che alla corretta programmazione del trattamento psicoterapeutico, sarebbe auspicabile fidarsi di quanto viene proferito dalla vittima, dall'essere umano, prima che dal soggetto che presenta una serie di sintomi asettici e "quantitativamente vuoti".

Tra le altre teorizzazioni annoveriamo quella di Cardeña che distinse tre modi di intendere la dissociazione:

1.	la dissociazione in guisa di meccanismo di difesa che origina diversi fenomeni quali l'amnesia dissociativa o il disturbo dissociativo dell'identità;

2.	la dissociazione in qualità di un insieme di moduli mentali separati dalla memoria, dalla coscienza e dal comportamento umano;

3.   la dissociazione come forma di alterazione dello stato di coscienza che produce uno scollegamento e distacco dalla realtà.

Un'altra prospettiva da tenere in considerazione è senza ombra di dubbio quella di Carl G. Jung dal momento che la stessa non godette mai di notevole fama all'interno della comunità scientifica per via dello stretto rapporto che l'autore aveva con la dimensione esoterica. Difatti Jung riteneva che la psiche dell'uomo moderno non fosse altrettanto "evoluta" quanto quella degli uomini primitivi a causa dei continui tentativi di frustrare le pulsioni più recondite dell'essere umano. Non si può negare, d'altronde, che la nevrosi sia figlia dei nostri tempi e di quella progressiva "perdita dell'anima" cui faceva riferimento l'autore sopracitato: per "perdita dell'anima" intendiamo una diminuzione, in termini qualitativi, della personalità, ma anche una possessione da parte del cosiddetto complesso junghiano ossia un insieme di rappresentazioni e ricordi caricati di eccessiva tonalità affettiva. Secondo quest'ultimo punto di vista, si andrebbe incontro ad una dissociazione patologica o come affermava Ingerman "una perdita di parti vitali di noi stessi" essendo sempre più immersi in una realtà anonima e narcisistica. In particolare, Jung attribuì alla suddetta perdita un rallentamento della cosiddetta perdita della ego-coscienza, ossia il sovraccarico di energie psichiche che consumano quest'ultima sino al deterioramento di questa e alla conseguente dissociazione. Tale processo induce l'Io ad agire per conto proprio e indipendentemente dai comandi impartiti dall'ego-coscienza e dal cosiddetto Sé archetipico; quest'ultimo avrebbe l'obiettivo di riequilibrare la psiche che in quel momento risulta frantumata.

Perciò, benché il lessico adoperato da Jung si riveli a primo acchito estremamente tecnico e a tratti astruso, esso rimanda a fondamenti di base della psicologia classica come l'Io che in questa chiave di lettura viene denominato "ego-coscienza". Però, a dispetto della tradizione psicanalitica che delega ogni forma di razionalità all'Io, Jung tende ad interpretare quest'ultimo e quindi l'ego-coscienza, una "molteplice monade" nel senso di complessità del termine. Quindi nell'Io si celano differenti sfaccettature non sempre consapevoli della presenza delle altre o della funzione che assolvono, nonostante le funzioni svolte siano relativamente intenzionali; un esempio comune di tale scissione, o meglio dissociazione della coscienza, lo ritroviamo nella quotidianità, ovvero quando siamo a bordo della nostra autovettura e per un attimo "dimentichiamo" il percorso da intraprendere. Questi brevi fenomeni di dissociazione possono essere anche definiti automatismi in quanto non ci esimono dal completamento di un'azione con successo pur non essendone pienamente consapevoli. Altri momenti di dissociazione possono insorgere anche durante una meditazione o una preghiera nella quale ci si sente particolarmente immersi, talora sino al raggiungimento di uno stato ipnotico o cosiddetto oniroide.

Vien da sé che simili asserzioni mettano in discussione diversi assiomi profusamente supportati in merito alla coscienza; tuttavia è evidente che la dissociazione non sia una *conditio sine qua non* per la quale debba presentarsi per forza un evento di natura traumatica.

Ciò non toglie che buona parte dei casi di dissociazione che sono giunti sino a noi sono fortemente legati ad episodi di abuso infantile e più genericamente a traumi complessi. Nello specifico, lo psicoterapeuta Michael Smith riportava nella sua esperienza clinica numerosi casi di disturbi dissociativi ove erano presenti delle cosiddette sub-personalità non sempre nettamente separate l'una dall'altra perché organizzate in gruppi di personalità, talora stereotipate, perché parte di un più ampio sistema di identità.

Secondo questa visione e ritornando a Jung, le sub-personalità non necessariamente riflettono la personificazione di un complesso ma la suddivisione della psiche in più parti che vengono elaborate immaginativamente secondo dei criteri

20

panculturali e quindi universali; questi sono meglio noti come archetipi e dunque può capitare che in un soggetto alberghino diverse strutture archetipiche di cui si ignorano le origini perché si perdono nel tempo.

Esempi di sub-personalità che rispecchiano degli archetipi più ampi sono quelle caratterizzate da smanie di potere, megalomania, rabbia eteroaggressiva oppure misoginia, tutte raggruppabili nel complesso materno.

Infine non sono da dimenticare le teorie dello sviluppo forniteci da Fonagy e Bowlby, i quali misero in luce aspetti quali l'intelligenza sociale o social cognition e la mentalizzazione come predittori di una funzionale crescita in termini psicoaffettivi.

Relativamente alla mentalizzazione, è necessario partire dalla definizione di questa: essa rappresenta la capacità di non solo acquisire la piena comprensione dei propri stati mentali ma anche di quelli altrui grazie a delle strutture secondarie che regolano i processi emotivi oltre che alle esperienze sociali primarie. Quest'ultime hanno il delicato compito di strutturare le rappresentazioni sul mondo esterno del soggetto; se ciò non avviene correttamente o se comunque tale iter viene osteggiato da un qualche incidente di percorso (ESI, esperienze sfavorevoli in età infantile), si potrà potenzialmente incorrere in una psicopatologia e quindi anche nello sviluppo di strutture di personalità massivamente dissociative, connotate da disregolazione emotiva e, appunto mancata mentalizzazione.

Secondo Bowlby invece, sarebbero proprio degli stili di attaccamento definiti come disorganizzati (pattern di comportamenti incoerenti, non lineari e spaventevoli tenuti dal caregeiver, ossia da colui che si prende cura del bambino) a imprimere anzitutto sconforto nei confronti del mondo e successivamente una tendenza alla dissociazione come metodica preferenziale atta al trinceramento nella propria interiorità per fini di sopravvivenza.

Capitolo 3.

Il rapporto tra dissociazione ed etnopsicologia

A partire dalla massima di Heinz von Foerster:
"*La vita è un immenso* processo *cognitivo, in quanto immenso processo di computo di sé*"ci riagganciamo al concetto di "computazione" che esprime una complessa attività mentale consistente nell'esaminare ed elaborare contemporaneamente diverse informazioni provenienti dall'ambiente.

Di conseguenza, la dissociazione non è altro che la negazione di una simile operazione essendo questa una disgregazione dei più alti processi del pensare umano.

È parte del sentire comune attribuire a culture "non civilizzate" la definizione psicopatologica di dissociazione dati i prolifici fenomeni estatici di cui suddetti popoli si fanno promotori al fine di onorare la propria religione.

Benché studiosi come Lewis nel 1972, Eliade nel 1974, Lapassade nel 1980 e Rouget nel 1986, avessero confutato la più accreditata, sebbene riduzionistica, visione dei più noti luminari dell'etnopsicanalisi rispetto all'esistenza di fenomeni dissociativi entro popolazioni tribali, risulta ancora tristemente in vigore tale concezione psicopatologica degli usi e costumi di società diverse da quelle industrializzate.

A tal proposito, desidero puntualizzare sull'aspetto riduzionistico della concezione psicopatologica largamente abbracciata dal più rigido scientismo, poiché ritengo sia utile ripensare alla corrente sofistica che fra tutte le altre avanzò l'idea che potesse sussistere un principio di relativismo culturale, il quale scompaginerebbe ogni *nomos* o *logos* preesistenti. Sulla base di ciò non esisterebbero culture superiori ad altre e nemmeno ideazioni di stampo meramente scientifico in grado di elevarsi al di sopra di quella che è in realtà la natura irrazionale dell'uomo che è costantemente portato ad agire secondo crismi soggettivi e non ampiamente condivisi. Da qui vien automatico citare l'etica di Jean Paul Sartre che risaltava la possibilità di scelta oltre che l'intrinseca soggettività nelle scelte perpetrate dall'uomo; secondo questa critica, non esiste nulla di sbagliato o di giusto ma solo qualcosa nella quale si crede ciecamente.

Potendoci impadronire della visione di Maslow inerente agli strumenti posseduti da un popolo, sovviene alla mente l'idea che, in penuria di strumenti in grado di consentire un'adeguata sopravvivenza, si manifesti la sola possibilità di accomodamento ad un simile sistema. Pertanto, poveri di qualsiasi mezzo ma aventi un martello a disposizione, anche l'ambiente assumerà le parvenze di un chiodo.

Con una così provocatoria affermazione, Maslow sottintendeva la grandiosa capacità dei popoli non alfabetizzati di plasmare a proprio favore la natura stessa delle cose così da crearne un culto ed un senso di appartenenza cui fare affidamento nei momenti di scoramento.

In antitesi al pensiero sopracitato riporto l'equazione dell'identità di Freud per la quale "bambino = nevrotico = primitivo". Fondamentalmente, ciò che asserisce tale equazione è la netta sovrapposizione tra condizioni apparentemente così diverse tra loro quali quella puerile, nevrotica e primitiva; queste tre sarebbero accomunate dalla fantasia schizoide che prevede un intenso trinceramento nella propria interiorità come scappatoia dagli eventi esterni.

Un'altra teoria che viene in aiuto alla teorizzazione di relativismo culturale, è quella esposta da Foulkes, ossia quella del transpersonale: egli, difatti riteneva che in ciascun individuo abitasse una cosiddetta matrice di base che, dinamicamente, influisse sugli stili di vita, le routine, le scelte quotidiane dell'essere umano. Oltre a ciò, Foulkes vedeva nell'insieme delle rappresentazioni mitografiche e storiografiche tramandate di generazione in generazione, dei "raggi X" che erano in grado di attraversare non solo la persona che li esperiva sin da prima della propria nascita, ma anche la sua stessa microsocietà di appartenenza (il cosiddetto *plexus* di riferimento). Allora, anche le popolazioni tribali che, a nostro modo di pensare, sviluppano sintomi ricollegabili all'isteria o alla dissociazione, starebbero deliberatamente esprimendo quello che è il loro transpersonale, ovvero un composito coacervo di elementi antropologico-culturali. In base a ciò, gli stati alterati di coscienza esperiti dalle collettività tribali, incarnerebbero il bisogno impellente di connettersi con il divino, o meglio con il pleroma che nello gnosticismo cristiano rappresenta il ricongiungimento all'*archè* (principio in greco antico).

Quindi essendo tutto l'universo un'entità soggettiva, è necessario rifarsi ad un gergo quanto più vicino possibile a quello del nostro interlocutore, sulla base delle sue origine e della sua Weltanschauung ossia mappa del mondo. Citando Rorty serve "familiarizzarsi con il gergo dell'interlocutore, piuttosto che tradurlo nel nostro"; ciò si ricollega anche al paradigma delle complessità di Morin essendo la realtà medesima una *unitas multiplex* in cui perdersi.

Visto che il mondo in cui siamo immersi è esso stesso indecifrabile e complesso, anche il filtro attraverso il quale lo scrutiamo è imparziale poiché condizionato da dei presupposti di base o relativamente immodificabili.

Secondo la soggettiva visione di alcuni popoli che praticano il viaggio estatico come forma di conoscenza del Sé e del divino, l'alterazione di coscienza che sopraggiunge nel corso dell'atto rituale rappresenta l'acme di un profondo itinerario volto allo scavo interiore entro l'armonia del cosmo. Ne sono piene manifestazioni le espressioni di glossolalia degli apostoli durante il periodo pentecostale (inteso come processo intrapreso allo scopo di raggiungere l'estasi in qualità di massima comunione con Dio) e il tarantismo nelle Puglie, pratica adoperata con lo scopo di epurare corpo e spirito femminili nel corso del XX secolo.

A riprova di ciò, desidero citare dagli Atti degli Apostoli il seguente esemplificativo passo:

"Mentre stava compiendosi il giorno della Pentecoste, si trovavano tutti insieme nello stesso luogo. Venne all'improvviso dal cielo un fragore, quasi un vento che si abbatte impetuoso, e riempì tutta la casa dove stavano. Apparvero loro lingue come di fuoco, che si dividevano, e si posarono su ciascuno di loro, e tutti furono colmati di Spirito Santo e cominciarono a parlare in altre lingue, nel modo in cui lo Spirito dava loro il potere di esprimersi".

Concludendo Tart nel 1976 asseriva che ogni cultura avesse la prerogativa di strutturare lo stato di consapevolezza umana in modo assolutamente soggettivo ed arbitrario secondo "la natura costruttiva del nostro stato di coscienza".

Capitolo 4.

<u>Psichedelia e dissociazione</u>

Nel periodo a cavallo tra gli anni Sessanta e Settanta del XX secolo iniziò ad aleggiare entro la società occidentale una nuova subcultura definita New Age, dal nome del trattato della teosofista britannica Alice Bailey ("L'educazione nella nuova era", 1954).

I pilastri di questa corrente di pensiero poggiavano sugli insegnamenti di due figure di spicco all'interno del panorama esoterico, ossia Djwal Khul e Madame Blavatsky: entrambi desideravano farsi promotori di un messaggio chiaro per l'umanità; tale messaggio concerneva la rivelazione dei misteri occulti ed in particolare il passaggio dall'Era dei Pesci a quella dell'Acquario.

Chiaramente, simili tematiche non solo influenzarono fortemente la collettività dell'epoca che tanto risentiva del vigente conformismo, ma dettero soprattutto nuova linfa vitale alla concezione di spiritualità intesa come mezzo attraverso il quale era possibile riscoprire se stessi. In particolare pratiche come la meditazione, lo yoga, l'ipnosi regressiva e la divinazione, giunsero all'attenzione di molti grazie allo scrupoloso lavoro di globalizzazione perpetrato dai mass media, i quali propugnavano l'idea di un sincretismo sociale e culturale tra Oriente e Occidente.

In contemporanea alla suddetta ristrutturazione socio-culturale, dell'epoca, si sviluppò l'idea comune che l'utilizzo di sostanze psicotrope potesse garantire, insieme alla pratica meditativa, l'espansione della coscienza. Sebbene un tale utilizzo fosse alquanto diffuso nella popolazione, è corretto specificare che anche soldati durante il conflitto in Vietnam fecero un uso massiccio di tali sostanze allo scopo di evadere dalla triste realtà dei fatti. Successivamente, invece, furono anche gli artisti musicali ad esternare l'abuso da stupefacenti, condizionando terribilmente i giovani di quel tempo: ciò scosse ben presto l'opinione pubblica e spinse le autorità competenti a trovare una soluzione al problema.

Gradualmente la neonata comunità hippie, anche a seguito del massacro avvenuto a Cielo Drive, finì nel mirino del governo statunitense, guadagnandosi in poco tempo una fama poco lusinghiera.

Attorno a queste vicende serpeggiava la curiosità di molteplici studiosi di psicologia, sociologia, psichiatria ed antropologia, al punto da dare impulso a delle ricerche in merito all'uso di tali sostanze con finalità terapeutiche.

Uno dei più celebri slogan che inaugurarono l'era della psichedelia in ambito scientifico fu quella di Timotyh Leary: "Turn on, tune in, drop out". Esso incitava al graduale abbandono di se stessi e di ciò che restringe la nostra coscienza rendendoci ciechi e poco sintonizzati con noi stessi.

Nello specifico Leary si interessò agli effetti dell'acido lisergico, meglio noto come LSD e a come questo potesse influire notevolmente sul benessere psicofisico di chi ne assumeva piccole dosi, soprattutto sotto stretta osservanza del terapeuta che assurgeva a guida dell'esperimento. In qualche modo, ciò su cui andava ad agire la sostanza era il tipo di aspettative che l'individuo avrebbe avuto rispetto all'esperienza dissociativa.

Per tipo di aspettativa intendiamo l'insieme di credenze che anticipano e condizionano una determinata esperienza; per cui se siamo a conoscenza del fatto che una determinata sostanza avrà degli effetti specifici sulla nostra condizione psicofisica, quali ad esempio quelli empatogeni (l'amplificazione delle percezioni sociali) ed entactogeni (l'espansione di coscienza di Sé), suddetti effetti si manifestarono molto più velocemente ed intensamente di quanto pensiamo visto che il nostro cervello è "programmato" per realizzare anche quelle che sono semplici congetture. Ovviamente, oltre alla trasduzione di pensiero in azione perpetrata dal sistema nervoso centrale (SNC), agiscono sul nostro comportamento anche una serie di variabili contestuali che permettono, a loro volta, l'avverarsi di un'aspettativa. Pertanto, il trovarsi in un ambiente che già di per sé favorisce la concentrazione e il graduale abbandono delle sensazioni corporee, consente la piena manifestazione di quelle che sono le potenzialità psicoattive di una sostanza.

Un esempio di ciò lo osserviamo nella pellicola di Ben Wheatley, "A field in England", nella quale uno dei protagonisti, in aperta campagna ed a seguito dell'aver ingerito un fungo allucinogeno, si ritrova in balìa delle proprie dispercezioni, venendo improvvisamente assalito dalle inquietanti visioni di un alchimista.

Tornando a Timothy Leary, questi condusse un esperimento che consistette nella sperimentale somministrazione dell'LSD a criminali recidivi ed alcolisti, ipotizzando che ciò assumesse la funzione riabilitativa in termini psicosociali dei sopracitati soggetti; nello specifico, gli stessi avrebbero narrato dell'esperienze dissociative legate agli effetti della sostanza e di come questa avesse modificato radicalmente il loro modo di esaminare la realtà. Difatti alcuni di questi individui s'imbatterono in episodi di stampo estatico entro i quali sostennero di aver perso il contatto con il proprio corpo e di aver esperito sensazioni vicine alla morte (*Near Death Experience*).

Inoltre, il contenuto di suddette osservazioni cliniche è riportato all'interno del saggio "L'esperienza psichedelica", tra le cui pagine sono annoverate differenti modalità di esperire la trascendenza, come la meditazione, lo yoga e la deprivazione sensoriale.

A suffragare le teorizzazioni sopracitate è un recente studio risalente al 2016 e condotto da Carhart-Harris et al. Esso

Metanalisi sulla dissociazione: fenomeno tra cultura e psicologia-
Michele Mulè

ha esplicitato il sorprendente impatto dell'LSD sul cervello prendendo in analisi un gruppo di soggetti ai quali è stata somministrata una dose irrisoria di acido lisergico (75 mg) ed in seconda istanza una terapia placebo. Le evidenze hanno messo in luce come la sostanza assunta dalle unità del campione avesse ottimizzato le capacità cerebrali di organizzarsi in networks; in particolare, gli studiosi osservarono come tutto il sistema neurale risultasse più interconnesso di prima, grazie all'implementazione del processo plastico.

Negli anni Settanta, invece, lo psichiatra e psicoterapeuta Claudio Naranjo scrisse "The healing journey" nel quale raccolse una serie di dati clinici concernenti l'utilizzo a scopi terapeutici di sostanze come l'ibogaina, l'armalina, MDA e MMDA.

Specificamente, l'ibogaina si estrae dalla Tabernanthe Iboga (pianta dell'Africa centro-occidentale) e di recente è stata approvata da diversi paesi nel mondo in qualità di cura alternativa alle tossicodipendenze, come quella da oppiacei, alcol, metanfetamina e cocaina. Oltre a ciò fu lo stesso Naranjo a scoprirne i benefici rispetto all'interruzione della crisi di astinenza da eroina e a paventarne il potenziale utilizzo in contesti di psicoterapia gruppale.

Relativamente alla tassonomia degli stati alterati di coscienza, questa fu largamente analizzata dal neuroscienziato John Lilly, inventore della cosiddetta vasca di galleggiamento, popolarmente nota come "vasca di deprivazione sensoriale".

Egli credeva che in assenza di stimolazioni ambientali il cervello smettesse di funzionare, così decise di isolare quanti più stimoli possibili dal setting di laboratorio e di riempire una vasca di acqua satura di solfato di magnesio.

Successivamente ipotizzò che la condizione ideale nella quale il soggetto sperimentale doveva essere posto, era quella che gli consentiva il maggior grado di rilassamento e di isolamento dalle sensazioni di tipo tattile e cinestesico. Per tale ragione l'acqua contenuta nella vasca necessitava di essere a temperatura ambiente al fine di favorire l'isotermia corporea; inoltre, all'individuo veniva chiesto di assumere una posizione orizzontale.

Tali premesse portarono alla scoperta di stati di coscienza alterati in risposta alla totale assenza di stimoli ambientali; in quei casi il cervello per "sopravvivere" aveva l'urgenza di creare *ex novo* delle sensazioni psicofisiche.

Alla stregua di ciò, lo scrittore e filosofo Aldous Huxley asserì che intrinseco nella natura umana fosse il desiderio anancastico di trascendere solo per un momento il filtro della percezione basato sulla sopravvivenza, percependo uno scorcio di realtà al di là della quotidiana prigione cognitiva.

Adesso annovererò una lista di sostanze psicoattive che possono avere effetti di tipo dissociativo sulla coscienza:

- Cannabis: l'intossicazione da questa sostanza può provocare una serie di cambiamenti psicologici e comportamentali tra cui un'aumentata sensibilità agli stimoli oppure un'alterata percezione dei medesimi come l'avvertire lo scorrere del tempo insolitamente rallentato, conseguentemente alla manifestazione di derealizzazione;

- Ketamina: in dosi sub-anestetiche può comportare l'insorgenza di stati confusionali, sensazioni allopsichiche (derealizzazione), episodi di pre-morte o percezione di entità disincarnate oltre ad esperienze di flashforward, ovvero apparenti visioni del futuro;

- DMT o dimetiltriptamina: essa è una sostanza che si trova all'interno della pianta Banisteriopsis caapi, e dalla quale, a sua volta, si ricava la bevanda ayahuasca. Questa sprigiona dei vapori che se esalati causano la comparsa di allucinazioni grafiche, consistenti in immagini di tipo geometrico, unitamente a stati di semi-coscienza;

- Salviorin A: questa si estrae dalla Salvia divinorum e dà effetti depressogeni simili a quelli degli oppiacei e se assunta in dosaggi eccessivi può determinare la comparsa di cosiddetti "bad trip" caratterizzati da senso di depersonalizzazione, angoscia e disforia;

• Psilocibina: essa è contenuta in alcuni tipi di funghi cosiddetti allucinogeni. Uno studio risalente al 2012 condotto da dei ricercatori britannici (Robin L. Carhart-Harris, David Eritzoe, Tim Williams e David J. Nutt) Ha comprovato l'effetto benefico della sostanza in questione, evidenziando la significativa diminuzione del flusso sanguigno e dell'ossigenazione venosa sia nelle strutture subcorticali sia in quelle corticali. Ciò si traduce in termini comportamentali e psicologici in mutamenti dello stato di coscienza.

Infine, è bene specificare che le sostanze sopracitate, diversamente da altre droghe, non causano *addiction* ossia dipendenza in termini psicofisiologici.

*Metanalisi sulla dissociazione: fenomeno tra cultura e psicologia-
Michele Mulè*

Capitolo 5.

<u>La dissociazione spiegata dalle neuroscienze</u>

Nel 1973 Ernest Hilgard formulò la cosiddetta teoria neo-dissociativa che asseriva che la mente umana fosse costituita da una serie di strutture relativamente indipendenti dal sistema di controllo centrale sovraordinato.

Questo sistema detto anche Ego Esecutivo espleta due funzioni distinte:

- funzione esecutiva che pianifica e organizza gli obiettivi a breve e lungo termine, determinando le priorità
- funzione di monitoraggio che controlla l'ambiente così da estrapolare sia le informazioni utili allo scopo programmato che quelle distraenti, attivando al contempo un sistema di allarme deputato alla vigilanza.

Oltretutto tali componenti possono operare sia indipendentemente dalla supervisione del sistema esecutivo che dipendentemente da questo, in guisa di sistemi *slave*, ossia "schiavi". Pertanto suddette funzioni si potranno attivare persino in maniera anoetica cioè senza la consapevolezza dell'individuo che implicitamente eseguirà un automatismo.

Sulla stessa linea di pensiero di Hilgard, lo studioso Daniel Schacter nel 1989 sviluppò il modello DICE (Dissociable Interactions and Conscious Experience), il quale contemplava la dissociazione tra performance e coscienza.

In neuropsicologia si conoscono differenti casi che confermano l'ipotesi sopracitata, come il "blindsight", consistente in una cecità corticale che però, paradossalmente, non interferisce con la prestazione cognitiva; infatti i soggetti che sono affetti da una simile sindrome riescono ugualmente a localizzare nello spazio gli stimoli luminosi nonostante il deficit organico.

Tutto ciò è a riprova del fatto che, per l'appunto, la coscienza ad oggi viene concepita come una struttura non perfettamente unitaria ma composta da svariati moduli che possono dissociare la loro attivazione rispetto ad altri, talora, in maniera del tutto automatica. Per cui la disconnessione dei sistemi che regolano la coscienza, può produrre delle sindromi dissociative, le quali, a loro volta, presentano dei correlati neurali specifici.

Schacter, nello specifico, ha teorizzato un modello neurocognitivo così gerarchicamente organizzato:

• al vertice troviamo i lobi frontali che, essendo gli ultimi a svilupparsi in termini di neurogenesi, oltre che quelli più filogeneticamente evoluti, ricoprono le funzioni maggiormente sofisticate, come il problem-solving, l'astrazione (che differisce dal pensiero concreto), la pianificazione e la mobilità cognitiva. In termini di processi, tali aree possono essere associate al sistema esecutivo-centrale che coordina tutti gli altri moduli sotto di sé;

• i lobi parietali inferiori, nella porzione destra e sinistra del cervello, rappresentano invece il polo di confluenza delle informazioni che vengono immagazzinate dalla corteccia occipitale, quella deputata alla percezione;

• l'area cingolata che è parte delle connessioni callosali, le quali permettono il passaggio dei dati da un emisfero all'altro.

Sulla base di ciò è chiaro che la dissociazione intesa come scollegamento delle suddette reti neurali, sia un fenomeno riconducibile per la sua complessità sia a componenti di stampo psicologico che neurobiologico.

Lo studio del 2019 condotto da Negar Fani et al. ha esaminato 117 donne che sono state vittime di trauma, allo scopo di effettuare un distinguo tra soggetti dissociati ad alto funzionamento e soggetti dissociati a basso funzionamento. Nello specifico le partecipanti hanno compilato l'inventario multi-scala della dissociazione (MDI), oltre a diversi test neuropsicologici. In particolare i punteggi ottenuti dal questionario servivano a classificare le unità del campione in basso e alto funzionamento in termini di dissociazione.

Successivamente 46 partecipanti furono selezionati per essere sottoposti alla fMRI in contemporanea all'esecuzione di un compito di controllo attentivo che elicitava anche immagini distraenti (Affective Number Stroop; ANS).

I risultati dell'esperimento dimostrarono come i soggetti a basso funzionamento avessero avuto delle prestazioni peggiori rispetto agli individui ad alto funzionamento; oltre a ciò i sintomi dissociativi che manifestavano erano correlati negativamente con la connettività funzionale tra amigdala ed insula anteriore destra in risposta al compito di controllo attentivo.

In conclusione lo studio ha indicato che le persone traumatizzate che esprimono un profilo dissociativo a basso funzionamento sperimentano maggiori difficoltà di controllo attentivo nel caso di stimoli emotivamente evocativi, in grado quindi di "triggerare" una risposta di attacco/fuga anche in contesti neutrali. Ciò è evidente dall'attivazione (o disattivazione) di determinate reti neurali che dovrebbero segnalare stimoli salienti (è il caso del network della salienza) o un'interocezione modulata dall'insula ed intesa come reciproca comunicazione tra visceri e sensazioni interne.

In aggiunta gli autori dello studio in questione riferiscono le ricerche di Sack, Cillien e Hopper del 2012 e quelle di Zaba et al. del 2015, fornendo una pedissequa analisi di specifici marker biologici che riflettono un movimento dissociativo; specificamente essi riportano l'aumento del tono parasimpatico insieme ad una ridotta risposta fisiologica ai fattori stressogeni. È proprio per tale ragione che i soggetti traumatizzati e successivamente dissociati, non riescono a

Metanalisi sulla dissociazione: fenomeno tra cultura e psicologia-
Michele Mulè

metabolizzare l'evento in questione poiché, appunto, esso attiva una carica emotiva in termini di arousal difficilmente tollerabile dall'essere umano. Difatti nei soggetti con DPTS (disturbo post-traumatico da stress) si assiste ad una forte inibizione delle aree prefrontali che servirebbero al controllo delle risposte alla paura suscitata dall'amigdala. Conseguentemente si evidenzia un grande deficit di adattamento a quelli che sono stimoli ambientali di natura traumatica.

In antitesi al modello sopracitato, vi è quello di Lanius et al. del 2010: in questo caso si enfatizza il ruolo sovramodulatore dell'affetto in risposta al trauma e la maggiore risposta neurale da parte delle cortecce prefrontali mediali, contemporaneamente ad una smorzata reattività dell'amigdala.

Pertanto sono ancora in atto ulteriori e molteplici studi che confermino o confutino una delle due ipotesi sopracitate.

Come enunciato precedentemente, la dissociazione è un meccanismo che coinvolge diversi disturbi psichiatrici tra cui il disturbo dissociativo dell'identità (DDI), il disturbo post-traumatico da stress (DPTS), disturbo di depersonalizzazione/derealizzazione (DDD) e disturbo borderline di personalità (DBP).

Nel caso di quest'ultimo disturbo, la dissociazione è collegata principalmente allo stress e sembra avere un impatto radicale sul funzionamento affettivo e cognitivo.

Similmente agli animali che si "paralizzano" dinanzi ad uno stimolo minaccioso, gli esseri umani possono esperire un tipo di risposta passivo e poco orientato all'attacco, caratterizzato da immobilità tonica, aumento dell'attività parasimpatica e temporaneo "spegnimento" del sistema di arousal. Quindi, come sottolineato in precedenza, è in questi casi che si registra un più alto tasso di vulnerabilità dal punto di vista delle difese, per via del fatto che ci si sente sopraffatti dal rischio che non si crede affrontabile.

Metanalisi sulla dissociazione: fenomeno tra cultura e psicologia-
Michele Mulè

Una simile narrazione vuole esplicare il concetto di dissociazione peritraumatica che spesso intercorre nel corso dello sviluppo di un DPTS: è proprio a ridosso dell'evento traumatico che si osserva un iniziale utilizzo della difesa dissociativa a scopo difensivo. Se ciò non avvenisse, non verrebbero poste le basi per la piena manifestazione di un disturbo dissociativo vero e proprio.

Oltre alla dissociazione peritraumatica, si assiste ad una carente codifica degli eventi salienti con una successiva frammentazione della memoria: tutti gli aspetti relativi all'episodio trigger vengono archiviati e categorizzati come elementi separati in modo da ripresentarsi, in un secondo momento, come flashback intrusivi e/o incubi.

Danni così invalidanti alle memorie episodiche sono corroborati da diverse evidenze scientifiche che hanno nel corso del tempo riportato coerentemente gli stessi risultati, ossia una riduzione volumetrica di amigdala e ippocampo, perlopiù associata a traumi precoci. In particolare l'ippocampo presenta un'alta densità di recettori per i glucocorticoidi ed è quindi altamente sensibile all'aumento del rilascio dell'ormone legato allo stress, il cortisolo per l'appunto, quindi esperienze traumatiche possono avere un impatto anche sulla struttura di quest'area.

Nel caso del disturbo borderline di personalità si osserva una probabilità del 75-80% di esperire dissociazione correlata allo stress; di solito, nello specifico, questi episodi hanno una durata di qualche minuto o ora. Coerentemente con le ricerche su pazienti affetti da DPTS e DDI, anche gli studi sul DBP supportano la forte correlazione tra dissociazione e trauma infantile, precisamente abuso di natura sessuale o fisica oppure neglect emotivo.

Annegret Krause-Utz, Rachel Frost e Bernet M. Elzinga sostengono che il movimento dissociativo nel disturbo borderline di personalità sia una specifica modalità di regolare le proprie emozioni nelle situazioni di forte stress.

39

Studi che hanno usufruito della tecnica PET al fine di esaminare il metabolismo del glucosio in pazienti con DBP, aventi storie di abuso in età infantile, hanno dimostrato il ridotto assorbimento del 18fluoro-2-deossiglucosio da parte del polo temporale destro, del giro fusiforme anteriore e del precuneo sinistro. In pratica le prestazioni alterate in compiti di memoria erano correlate con l'attività metabolica registrata nelle suddette aree, implicate nel consolidamento e recupero della memoria episodica. Perciò si è ipotizzato che il danno ai processi mnesici in soggetti con DBP possa svolgere un ruolo preponderante nello sviluppo di sintomi dissociativi.

Un altro interessante studio condotto da Kraus e colleghi nel 2009 ha preso in considerazione l'attività dell'amigdala in relazione all'elaborazione del dolore ed alla dissociazione dello stato di coscienza: si è notato una disattivazione dell'amigdala durante l'elaborazione sensoriale dello stimolo doloroso che farebbe pensare allo "spegnimento" delle aree frontali.

Per concludere, annovererei tra i disturbi di natura dissociativa meno noti anche le cosiddette crisi psicogene non epilettiche (PNES), parossismi di alterata coscienza connotati da movimenti involontari e ridotto autocontrollo di questi. Sarebbero proprio queste due discriminanti a somigliare alle crisi epilettiche, nonostante quelle di natura psicogena abbiano una più distinta e complessa eziologia.

Le PNES, come cita l'articolo di Stoyan Popkirov et al. (2019), rappresentano il 10% delle emergenze convulsive e il frutto di un compendio di fattori di rischio diversificati, quali traumi o stress acuti. Inoltre esse possono trovarsi in comorbidità con il DPTS, i disturbi depressivi e d'ansia, insieme a disturbi di personalità, epilessia organica, traumi cranici, parasonnie, emicrania, disturbi da dolore cronico ed asma.

Pertanto, benché suddette anomalie del funzionamento neurale non siano attualmente e totalmente riconosciute dalla comunità scientifica per la loro complessità fenomenologica, esse si configurano come delle particolari manifestazioni di isteria intesa come condizione generatasi a seguito dell'esposizione ad uno o più eventi stressogeni.

Capitolo 6.

<u>Trattamento e riabilitazione delle sindromi dissociative</u>

Una delle pietre miliari per il trattamento delle sindromi dissociative è certamente la graduale integrazione delle parti scisse del paziente, altresì dette "alter".

Il primo a definire una cura del trauma e dei disturbi dissociativi ad esso collegati fu senza dubbio Pierre Janet con il suo modello trifasico, uno specifico trattamento suddiviso in tre fasi atte alla progressiva riappropriazione delle capacità integrative perdute. Secondo lo studioso, nonché padre della psicotraumatologia, il modello in questione era così composto:

1. Stabilizzazione: in questa fase si esaminano i sintomi e si cerca di ridurli in un'ottica di stabilizzazione del funzionamento nella vita di tutti i giorni; ovviamente tale lavoro è possibile solo attraverso l'instaurarsi di un'adeguata alleanza terapeutica, la quale è necessaria al fine di instillare quella fiducia nell'altro tanto agognata dal paziente. È proprio secondo questa chiave di lettura che la cura del Sé dissociato passa attraverso la buona relazione che infonde un ottimale senso di controllo e di autoefficacia;

2. Elaborazione delle memorie traumatiche: durante questa fase di lavoro terapeutico si rielaborano i ricordi traumatici non ancora metabolizzati ed abreagiti; mediante l'integrazione di sensazioni corporee, cognizioni ed emozioni la persona inizia a sviluppare una buona tolleranza verso le frustrazioni, a sentirsi più presente a se stessa e meno proiettata nel passato;

3. Integrazione della personalità e riabilitazione: gli obiettivi del piano terapeutico a questo punto sono legati all'accettazione di sé e del cambiamento, oltre al rafforzamento

di quelle che sono le risorse personali ed intrinseche nell'individuo.

Dal punto di vista del setting terapeutico, questo deve essere quanto più sicuro e stabile possibile così da minimizzare gli effetti devastanti dati dalle relazioni disfunzionali con il caregeiver; difatti si è notato come soggetti affetti da DDI o DPTS manifestino, a seguito di traumi complessi una cosiddetta "fobia dell'attaccamento", la quale si cronicizza in un modello operativo interno disorganizzato che induce alla "coazione a ripetere" (per Freud, il ciclico susseguirsi di eventi e comportamenti legati ad avvenimenti dolorosi per la persona che, inconsciamente, li riattualizza). Numerosi studiosi, infatti, confermano la grande importanza del ruolo rivestito dall'empatia nei confronti del paziente, allo scopo di instillargli un atteggiamento *mindful*, ovvero non giudicante verso di sé; la sintonizzazione emotiva è coadiuvata, in particolare, dal clima collaborativo che dovrebbe respirarsi in terapia.

Per cui, in penuria di un adeguato insight che si traduce in autoconsapevolezza, il terapeuta ricopre la funzione di "corteccia ausiliaria" entro una prospettiva psicoeducativa consistente nell'istruire il paziente ad empatizzare con il proprio lato ferito. Questo specifico momento viene chiamato anche "tavolo delle parti": si tratta di una fase culminante di tutta la terapia poiché simboleggia il dialogo conclusivo tra gli alter del soggetto, da quelli più "adulti" a quelli più "infantili".

Una terapia che ricorda il modello trifasico precedentemente citato è sicuramente l'EMDR (dall'inglese Eye Movement Desensitization and Reprocessing): essa è diventata *evidence based* per il trattamento del disturbo post-traumatico da stress e per le memorie traumatiche in genere. In particolare, il trattamento si basa sull'utilizzo della cosiddetta stimolazione bilaterale (BLS) ossia l'effettuazione di movimenti saccadici da destra verso sinistra o in alternativa, di movimenti tattili (tapping).

Metanalisi sulla dissociazione: fenomeno tra cultura e psicologia-Michele Mulè

Secondo il protocollo EMDR che consta di otto fasi, anzitutto è necessaria un'adeguata preparazione del paziente al trattamento in questione così da favorire dei migliori outcome terapeutici: durante la fase di rielaborazione traumatica, il paziente viene invitato a concentrarsi sia sulle componenti cognitive che affettive legate al ricordo e, al contempo, a seguire con gli occhi i movimenti operati dal professionista.

Secondo un meccanismo di attenzione divisa, tutte le energie psichiche impiegate nella rievocazione mnesica vengono meno perché il soggetto risulta impegnato anche nel compito di stimolazione bilaterale; per cui, gradualmente, ogniqualvolta si cercherà di ripescare il ricordo traumatico, le sensazioni ad esso associate saranno meno impattanti di prima.

Nella fase successiva alla desensibilizzazione delle emozioni disturbanti, avviene la ristrutturazione cognitiva delle convinzioni negative collegate al trauma visto che vengono sostituite con delle altre più positive e funzionali per il Sé, attraverso un importante lavoro sull'autostima.

In termini neuroscientifici, ciò che l'EMDR va a stimolare è la plasticità neurale poiché sono proprio i movimenti alternati ad attivare, in senso chiastico, gli emisferi cerebrali ed in particolare il corpo calloso che funge da polo di connessione tra i due. Pertanto, tutte le percezioni cognitive ed emotive legate al trauma e rimaste "congelate" nella mente e nel corpo di chi le esperisce, vengono come "sbloccate" grazie alla riattivazione della connettività neurale.

Lo psichiatra Colin Ross (ex presidente dell'International Society for the Study of Trauma and Dissociation) è noto al mondo accademico per i controversi studi sull'ex DPM (disturbo della personalità multipla; ad oggi DDI, disturbo dissociativo dell'identità). Egli trovò un interessante correlazione tra le trance autoindotte dagli sciamani e gli stati dissociativi dei pazienti affetti da DDI poiché riteneva che entrambe le condizioni fossero caratterizzate dalle seguenti peculiarità:

- spiccata dote immaginativa che risulta parecchio evidente nella strutturazione di alcune sub-personalità del DDI essendo particolarmente ricche di dettagli e profondità;

- allucinazioni vivide e amnesia ipnotica a seguito della dissociazione;

- sogni simbolici che assumono connotazioni diverse se provengono dalla mente dello sciamano anziché da quella del paziente affetto da DDI;

- smembramento rituale che nel caso del DDI è da intendersi come un'esperienza extracorporea (OOBE, Out Of Body Experience) che si configura per gli episodi di derealizzazione e depersonalizzazione;

- uso di sostanze intossicanti o allucinogene per acuire oppure controllare l'esperienza dissociativa;

- stato di affaticamento post-autoipnosi;

- cambiamento d'identità e identificazione in figure significative del passato come antenati.

Relativamente alle allucinazioni visive e i sogni simbolici, lo sciamano si serve tipicamente di questi con l'obiettivo di scovare la selvaggina oppure quello di comunicare con i propri defunti. Al contrario il soggetto con DDI presenta una sintomatologia di natura ansiosa che è perlopiù rappresentata da flashback, i quali talora, assomigliano a delle vere e proprie allucinazioni a sfondo traumatico. Oltretutto i sogni di un soggetto con disturbo dissociativo dell'identità si rivelano alquanto metaforici dato che si servono della simbolizzazione del contenuto latente: tipicamente, Michael Smith notò come la maggior parte dei pazienti affetti dal suddetto disturbo, riportavano il medesimo mondo onirico caratterizzato dalla presenza di immagini emblematiche come quelle di "castelli o palazzi con molte stanze separate da spessi muri".

È evidente che questo sia un *exemplum* dello stato dissociativo che fa percepire il soggetto come intrappolato in un palazzo dalle mille camere, delle quali però non possiede la chiave per accedervi.

Un altro elemento che distingue lo stato di trance raggiunto dallo sciamano e quello raggiunto dal paziente dissociato è sicuramente l'utilizzo che si fa del meccanismo psichico in questione: nel primo caso viene adoperato in maniera più razionale e controllata ed allo scopo di guarire ammalati o di fare chiaroveggenza, mentre nel secondo caso la situazione risulta meno disciplinata poiché il soggetto non è in grado di integrare adeguatamente le parti scisse del Sé. Di conseguenza la persona in questione, anche per via del trauma subito, cercherà in ogni modo di evitare il confronto col proprio ego e con la propria sofferenza attraverso una serie di strumenti apparentemente "dopaminergici"; tra questi annoveriamo di certo le sostanze psicotrope di cui spesso questi soggetti fanno abuso sino a diventarne dipendenti.

Ovviamente anche nello sciamanesimo è contemplato l'utilizzo di droghe ma non a scopo voluttuario bensì rituale e in particolare con una valenza divinatoria.

Inoltre sia nello sciamano che nel DDI registriamo forti identificazioni con alter o sub-personalità di vario genere e che nello specifico si rifanno strutturalmente a delle figure significative per il soggetto che le "richiama". Come evidenziato in qualche capitolo precedente tale fenomeno può essere interpretato da alcune culture come una possessione spirituale che esprime in tutta la sua potenza lo stretto legame con delle entità ancestrali.

Detto ciò, Colin Ross ideò una nuova forma di psicoterapia che si basasse sui principi del cosiddetto viaggio sciamanico così da favorire nel paziente con DDI il graduale recupero delle memorie "perdute", ma anche l'integrazione dei singoli alter in un'unica identità. D'altra parte lo psichiatra credeva che così facendo i pazienti sarebbero stati in grado anche di controllare le proprie dinamiche interne di stampo dissociativo ed evitare che prendessero il sopravvento da un momento all'altro, allo stesso modo degli sciamani.

Alcune delle tecniche che facevano parte del trattamento sopracitato erano legate alle capacità di visualizzazione; nello specifico si sarebbe dovuto chiedere al paziente di immaginare un contesto di meeting o conferenza nel quale potevano inserirsi tutti i vari alter (o solo alcuni di questi) affinché potessero sinergicamente prendere una decisione rispetto ad un determinato problema che concerneva il soggetto in cura. Una paziente trattata da Smith riportò notevoli benefici dalla terapia eseguita in un setting "laico" per cui scevro da ogni fonte o simbolismo religiosi: a seguito dell'essersi messa in situazioni sessuali promiscue, ella aveva pian piano utilizzato la tecnica di visualizzazione sopra menzionata e aveva iniziato ad adottare questa metodica di decision-making per tutte quelle situazioni che comportavano del disagio o della confusione in se stessa.

In altre parole Ross fa riferimento ad una "spedizione sciamanica" per intendere quel processo di meditazione guidata insieme al paziente: essa consiste nell'esplorazione dei sogni spontanei di quest'ultimo; in tal modo sarà il paziente stesso a porsi in una condizione di attività rispetto al terapeuta poiché gli conferirà quelle tanto bramate chiavi di accesso al proprio mondo inconscio. La conseguenza di simili processi è la riunificazione delle sub-personalità al fine da lasciare che tutte tornino alla matrice originaria qual è l'identità prima del soggetto.

Per concludere quest'argomento, si consiglia di visionare "Soul Retrieval: Mending the Fragmented Self", un interessante scritto della sciamana e psicoterapeuta Sandra Ingerman sulla perdita dell'anima e l'eccessiva medicalizzazione dell'età post-moderna.

Recenti ricerche hanno suffragato l'ipotesi di un nuovo tipo di trattamento per i disturbi dissociativi ed in particolare quello da derealizzazione e depersonalizzazione:

Graziella Orrù e colleghi nel 2021 hanno testato l'utilizzo della stimolazione magnetica transcranica (TMS) al fine di comprenderne gli effetti terapeutici sul disturbo sopracitato e su condizioni similari. Lo studio si è incentrato sull'applicazione della stimolazione magnetica in sede temporo-parietale e soprattutto sulla giunzione temporo-parietale (TPJ) che risulta la sede dell'incarnazione, termine indicato per il sentirsi presenti a se stessi, nella mente e nel corpo. Danni ad una struttura di questo tipo comportano, al contrario, un senso di disincarnazione ossia un'alterazione del proprio senso di Sé che in altre parole si traduce in distacco dalla propria persona e dall'ambiente circostante e quindi in depersonalizzazione e derealizzazione. Alcuni paradigmi sperimentali hanno adoperato l'illusione della mano di gomma come procedura artificiale atta a creare distorsioni corporee e quindi a migliorare l'illusione della percezione di Sé, contraria all'esperienza extracorporea (OOBE).

Relativamente alla ricerca di cui sopra citato, le sessioni di TMS sono state ad impulso singolo e ripetuto così da incentivare la connettività neurale e l'attivazione della TPJ.

Infine non è di minore importanza la terapia di matrice ipnotica che trae le proprie origini dagli studi condotti da Charcot presso l'ospedale Salpêtrière sull'isteria.

Bibliografia:

"Atti degli Apostoli" in "Vangelo e Atti degli Apostoli" (cap.2, vv. 2-4), Editrice Shalom, 2007;

Bailey A., "L'educazione nella nuova era", Il Libraio delle Stelle Edizioni, 2008;

Bernstein, E. M., & Putnam, F. W. "Development, reliability, and validity of dissociation scale" in *Journal of Nervous and Mental Disease,* n.174, 1986;

Bressi C., Invernizzi G., "Psichiatria e Psicologia Clinica", 5e, McGraw Hill, 2017;

Cardeña E., "The domain of dissociation" in *The Guilford Press,* 1994;

Carhart-Harris R. L, Erritzoe D., Williams T., Stone J. M., Reed J. L, Colasanti A., Tyacke J. R., Leech R., Malizia L A., Murphy K., Hobden P., Evans J., Feilding A., Wise G. R. and Nutt D. J., "Neural correlates of the psychedelic state as determined by fMRI studies with psilocybin" in *Proceedings of the National Academy of Sciences,* n.6, 2012;

Carhart-Harris R. L, Muthukumaraswamy S., Roseman L, Kaelen M., Droog W., Murphy K., Tagliazucchi E., Schenberg E. E., Nest T., Orban C., Leech R., Williams T. L, Williams M. T., Boldstrige M., Sessa B., Mcgonigle J., Sereno I. M., Nichols D., Hellyer J. P., Hobden P., Evans J., Singh D. K.,

Metanalisi sulla dissociazione: fenomeno tra cultura e psicologia-
Michele Mulè

Wise G. R., Curran V. H., Feilding A. and Nutt D. J., "Neural correlates of the LSD experience revealed by multimodal neuroimaging" in *Proceedings of the National Academy of Sciences,* n.17, 2016;

Fani N., King T. Z., Powers A., Hardy R. A., Siegle G. J., Blair R. J., Surapaneni S., Rooij S. V., Ressler Kerry J., Jovanovic T., Bradley B., "Cognitive and neural facets of dissociation in a traumatized population" in *Emotion,* n. 19, 2019;
Foerster H. V., "Sistemi che osservano", Astrolabio, 1987;

Fonagy P., Gergely G., Jurist E. L., Target M., "Regolazione affettiva, mentalizzazione e sviluppo del Sé", Raffaello Cortina 2005;

Freud S., "Totem e Tabù", Bollati Boringhieri, 2011;

Giannone F., Ferraro A. M., Lo Verso G., "Gruppoanalisi Soggettuale e teoria del Self" in Lo Verso G., Di Blasi M., "Gruppoanalisi Soggettuale", Raffaello Cortina, 2011;

Huxley A., "Moksha. Scritti sulla psichedelia e sull'esperienza della visione", Mondadori, 2018;

Metanalisi sulla dissociazione: fenomeno tra cultura e psicologia-
Michele Mulè

Ingerman S., "Soul Retrieval: Mending the Fragmented Self", edizione rivisitata, Harperone, 2019;

Janet P., "L'automatismo psicologico. Saggio di psicologia sperimentale sulle forme inferiori dell'attività umana", Cortina Raffaello, 2013;
Kluft R. P., "An introduction to Multiple Personality Disorder" in *Psychiatrich Annals,* n.14 1984;

Krause-Utz A., Frost R., Chatzaki E., Winter D., Schmahl C., Elzinga B. M., "Dissociation in Borderline Personality Disorder: Recent Experimental, Neurobiological Studies, and Implications for Future Research and Treatment" in *Current Psychiatry Reports,* n.23, 2021;
Lapassade G., "Saggio sulla trance", Feltrinelli, 1980;

Leary T., Metzner R., Alpert R., "L'esperienza Psichedelica: Manuale basato sul Libro Tibetano dei Morti (Bardo Thodrol)", Sugar, 1969;

Lewis I. M., "Le religioni estatiche", Astrolabio, 1972;

Lilly J. C., "The scientist: a Metaphysical Autobiography", Ronin Pub, Subsequent edizione, 1988

Maslow A., "Psicologia della scienza", Joanna Colter Books 1966;

McWilliams N., "La Diagnosi Psicoanalitica", 2e, Astrolabio 2012;

*Metanalisi sulla dissociazione: fenomeno tra cultura e psicologia-
Michele Mulè*

Morin E., "La conoscenza della conoscenza", Feltrinelli 1989;

Naranjo C., "The Healing Journey", Ballantine Books, 1974;

Orrù G., Bertelloni D., Cesari V., Conversano C., Gemignani A., "Targeting temporal parietal junction for assessing and treating disembodiment phenomena: a systematic review of TMS effect on depersonalization and derealization disorders (DPD) and body illusions" in *AIMS neuroscience,* n.8, 2021;

Popkirov S., Asadi-Pooya A. A., Duncan R., Gigineishvili D., Hingray C., Kanner A. M., LaFrance Jr W. C., Petrorius C., Reuber M., "The aetiology of psychogenic non-epileptic seizures: risk factors and comorbidities" in *Epileptic disorders: international epilepsy journal with videotape,* n.21, 2019;

Rorty R., "La filosofia e lo specchio della natura", Bompiani, 1986;

Rouget G., "Musica e trance", Einaudi, 1986;

Sartre J. P., "L'esistenzialismo è un umanismo", Ugo Mursia, 2016;

Smith M., "Jung and Shamanism in Dialogue: Retrieving the Soul, Retrieving the Sacred", Trafford, 2007;

Tart C. "The basic nature of altered state of conciounes system approach" in *Journal of Transpersonal Psychology,* n.1, 1976.

Sitografia:
www.emdr.it

*Metanalisi sulla dissociazione: fenomeno tra cultura e psicologia-
Michele Mulè*

www.ingramcontent.com/pod-product-compliance
Lightning Source LLC
Chambersburg PA
CBHW060215260726
48658CB00005BA/2045